樋口愉美子の
アップリケ刺しゅう

日本ヴォーグ社

はじめに

本書で紹介するアップリケ刺しゅうは、
私がバッグづくりに好んで活用している技法です。

大きな面を表現しやすいアップリケに、
刺しゅうによる繊細な表現を組み合わせました。
糸に布、といった異なる素材による面白みが加わって
風合い豊かな作品に仕上がります。

図案は、草花、そして自然のなかにあるものから着想を得て生まれました。
身近にある花を中心に、可愛らしいもの、
大人びたもの、愉快なもの、どれも愛しい図案達です。

本書で使うアップリケ用の布は、扱いやすいフェルトと薄手の無地のコットン。
糸や布の色を変えれば、また違った雰囲気が楽しめます。

アップリケ刺しゅうは、とても手軽に、短時間で仕上げることができ、
手芸を新たにはじめる方にも入りやすい技法です。
ぜひ、いろいろなアイテムにアップリケ刺しゅうを施してみてください。
アップリケ刺しゅうを愉しむことで、
日々の暮らしに潤いを与えられればと思います。

樋口愉美子

Contents

page. 写真 / 図案
- - - - - - - - -

page. 06 / 65   Floral Breeze / 花の風
page. 08 / 66   Daisy Pattern / デイジー模様
page. 09 / 66   Puffball / タンポポ
page. 10 / 67   Rose / ローズ
page. 11 / 68   Chafer / コガネムシ
page. 11 / 69   Butterfly / チョウ
page. 12,13 / 71   Strawberry Flowers / イチゴの花
page. 14 / 74   Bee / ハチ
page. 15 / 75   Lily of the Valley / スズラン
page. 16,17 / 76   Hydrangea Pattern / アジサイ模様
page. 18 / 78   Field Flowers / 野の花

page. 20,21 / 80   Modern Flowers / モダンフラワー
page. 22 / 84   Wildflowers/ 野草
page. 23 / 84   Flying Birds / フライングバード
page. 24,37 / 86   Sweet Season / スウィートシーズン
page. 26,27 / 90   Classic Flowers / クラシックフラワー
page. 28 / 92   Green Wreath / 葉っぱのリース
page. 29 / 93   Tulip / チューリップ
page. 30 / 94   Poppy Garden / ポピーの庭
page. 31 / 95   Calla Lily / カラーの花
page. 32,33 / 96   Symmetry Flower Pattern / シンメトリーフラワーパターン
page. 34,35 / 98   Lilac Garden 1 & 2 / ライラックの庭 1 & 2
page. 36 / 99   Simple Floral Pattern / シンプルフローラルパターン
page. 38 / 100   Sunflower / ヒマワリ
page. 39 / 102   Floral Wreath / 花のリース
page. 40 / 103   Bird on a Branch / 枝にとまる鳥

page. 41 / 104	Leaves / 葉っぱ	
page. 42 / 106	Autumn Wind / 秋風	
page. 44 / 104	Cactus / サボテン	
page. 45 / 108	Palm Tree / ヤシ	
page. 46,47 / 108	Noon in the Forest / 昼の森 Night in the Forest / 夜の森	

----

page. 48	Basic Lesson / アップリケ刺しゅうを始める前に 刺しゅう糸、布、道具について
page. 52	Standard Stitches / 基本のステッチ
page. 58	How to Applique / アップリケの基本
page. 64	Patterns & Stiches / 図案と刺し方
page. 70	刺しゅう枠オーナメントのつくり方
page. 72	ピンクッションのつくり方
page. 77	ドイリーのつくり方
page. 82	ミニバッグのつくり方
page. 88	バンブーバッグのつくり方
page. 98	ポーチのつくり方
page. 110	パネルのつくり方

Staff

装丁・本文デザイン / 林あい（FOR）

撮影 / 白井由香里

スタイリング協力 / 高村一郎（SCRAP PAGES）

校正協力 / 鈴木恵子

企画・編集 / ハイネ奈津子
　　　　　　（PASSHUNTER EDITIONS）

編集担当 / 秋山さやか（日本ヴォーグ社）

この本に関するご質問は、
お電話またはWebで

書名 / 樋口愉美子のアップリケ刺しゅう
本のコード / NV70392
担当 / 秋山さやか
Tel. 03-3383-0644（平日 13:00 〜 17:00 受付）
Webサイト「日本ヴォーグ社の本」
http://book.nihonvogue.co.jp/
サイト内「お問い合わせ」から
お入りください（終日受付）
※Webでのお問い合わせは
パソコン専用になります。

★本書に掲載の作品を、複製して販売（店頭、ネットオークション等）することは禁止されています。
手づくりを楽しむためにのみ利用ください。

Floral Breeze

花の風　図案 page.065

Daisy Pattern　デイジー模様　図案 page.066

Puffball

タンポポ　図案 page.066

Rose ローズ　図案 page.067

Chafer
コガネムシ　図案 page.068

初心者でも簡単に刺せるコガネムシとチョウの図案を、刺しゅう枠を使ったオーナメントに仕立てました。あえて虫らしくない色を選ぶのがかわいく仕上げるコツ。ネジ部分に好みのひもを付けて、壁に飾って楽しんで。

オーナメントの
つくり方は page.070

Butterfly
チョウ　図案 page.069

Strawberry Flowers イチゴの花 図案 page.071

コロンとしたイチゴと可憐な白い花のパターン。一面にたくさん刺しゅうするのも素敵ですが、まずは小さなピンクッションから始めてみて。

つくり方は *page.072*

Lily of the Valley　スズラン　図案page.075

アジサイ模様を中央に4つ配置した、涼しげな色合いのドイリー。シンプルなグラスに葉や枝などを挿して敷けば、日々の暮らしの彩りに。

つくり方は *page.*077

Hydrangea
Pattern

アジサイ模様
図案 page.076

野の花　図案 page.078

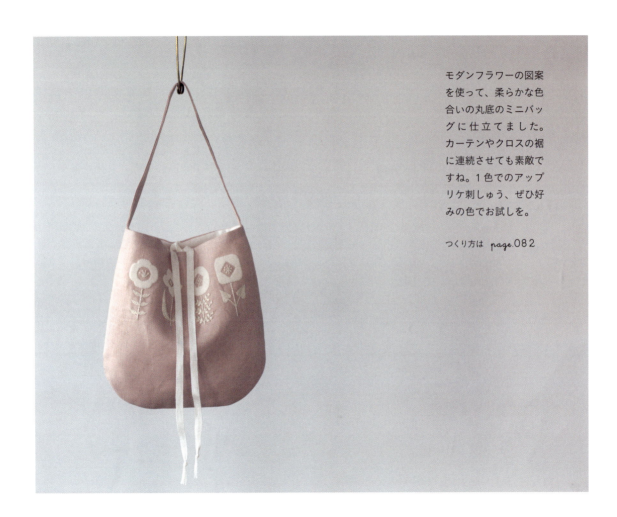

モダンフラワーの図案を使って、柔らかな色合いの丸底のミニバッグに仕立てました。カーテンやクロスの裾に連続させても素敵ですね。1色でのアップリケ刺しゅう、ぜひ好みの色でお試しを。

つくり方は *page.082*

Modern Flowers　モダンフラワー　図案 page.080

Wildflowers　野草　図案 page.084

Flying Birds

フライングバード
図案 page.084

Sweet
Season

スウィートシーズン
図案 page.086

Classic Flowers クラシックフラワー 図案page.090

クラシックな花模様を、市販のリネンクロスいっぱいにちりばめました。えんじを基調とした大人っぽい色合いの図案は、どんなシチュエーションにも似合います。花の配置は自由に楽しんで。

Green Wreath

葉っぱのリース
図案 page.092

Tulip

チューリップ
図案 page 093

Poppy Garden

ポピーの庭
図案 page.094

Calla Lily

カラーの花
図案 page.095

右ページと同じ図案を、落ち着いた濃紺とベージュの両開きポーチに仕立てました。通帳を入れるとぴったり、大切なメモやショップカードなどの保管にも使い勝手のいい大きさです。

つくり方は page.098

Symmetry Flower Pattern　シンメトリーフラワーパターン 図案 page.096

Lilac Garden 1 ライラックの庭1 図案 page 100

Lilac Garden 2　ライラックの庭2　図案 page 100

Simple Floral Pattern　シンプルフローラルパターン　図案 page.099

Sweet Season

スウィートシーズン
図案 page.086

全面にアップリケを施した、小ぶりながらも存在感のあるバッグ。マチ無しのコロンとした丸い形に仕上げました。かわいらしい図案なので、表布にやや暗めの色を選んで大人っぽい雰囲気に。

つくり方は page.088

Sunflower

ヒマワリ
図案 page.100

Floral Wreath

花のリース
図案 page.102

Bird on a Branch

枝にとまる鳥

図案 page.103
オーナメントのつくり方は page.070

Leaves 葉っぱ 図案 page.104

Autumn Wind

秋風　図案 page 106

Cactus

サボテン　図案 page.104

Palm Tree

ヤシ　図案 page.108

出来上がった図案は、木のパネルに張るのもおすすめ。布のシワが消えるように、やや強めに引いて張るのがコツです。棚に立て掛けたり壁に飾ったりと、インテリアとして楽しんで。

パネルのつくり方は page.110

Noon in the Forest 昼の森 図案 page.108

Night in the Forest 夜の森 図案 page.108

Basic Lesson

アップリケ刺しゅうを始める前に

Thread

刺しゅう糸

25番刺しゅう糸は、細い6本の糸がゆるく撚り合わされて太い1束（長さ約8m）の状態になっています。本書では、DMCの25番刺しゅう糸を使っています。針は、先のとがったフランス刺しゅう針を使用しています。糸の本数によって針の太さを替えると刺しやすくなります。
(page.52参照)

Linen

リネン
（アップリケの土台に使った布）

本書では土台にリネン布を使っています。しなやかで柔らかなリネン布は、刺しゅう糸との相性がとても良いです。織り糸の太さが均一で目が細かくそろっているものがおすすめです。初めて使うときは、縮み防止に必ず水通しをしましょう。

One point advice 〉 水通しは、布をたっぷりのぬるま湯や水に数時間から一晩漬けておき、軽めに絞って日陰に干します。布目を整えるために必ずアイロンをかけましょう。

Cotton & Felt

コットン＆フェルト
(アップリケ用の布)

アップリケ部分には、コットン布とフェルトを使いました。

　コットン布は、薄手で目の詰まったものがおすすめです。本書では、カラーバリエーションが豊富なエイティスケアーとキャンブリックを切りっぱなしで使用しています。

　フェルトは、ウールなどの繊維を圧縮してつくられたシート状のもの。厚さは1mm程度の薄手なタイプが刺しゅうしやすく、おすすめです。ポリエステル素材で洗えるものや、アイロン接着できるもの、ラメの入ったものなど色や質感も様々。本書では、サンフェルトのものを使っています。

Tools

道具について

**❶ 手芸用複写紙
（水で消えるタイプ）**

布に図案を写すときに使います。黒・紺・茶などの濃い色の布地には、白色のものがおすすめです。

**❷ トレーシング
　　ペーパー**

図案を写すための薄く透けた紙。40kg/㎡程度の薄口のトレーシングペーパーが、図案写りがよく使いやすいです。

❸ セロファン

図案を写すときにトレーシングペーパーの上にのせ、トレーシングペーパーの破れを防止します。

**❹ 熱接着
　　両面シート**

布と布とをアイロンで接着できる優れもの。本書では、クロバーの熱接着両面シートを使用しています。はくり紙に図案を写して切り抜くことができて便利です。接着剤が薄い蜘蛛の巣状なので表にひびかず、使用した箇所の上からでも刺しゅうできます。

❺ 刺しゅう枠

布をぴんと張ってゆがみをとり、糸の引き過ぎも防ぎます。直径10cm～15cmのものを、図案の大きさにより使い分けましょう。枠に布テープを巻き付けておくと、布の滑り止めになり、枠の跡も布につきにくくなります。

❻ 糸通し

糸を針穴に通すときにあると便利です。

❼ トレーサー・
　鉛筆・ペン

トレーサーは、図案をなぞって布に写すときに使います。インクが切れたボールペンでも代用できます。鉛筆とペンは図案を紙に写すときに使用。鉛筆はB程度、ペンは0.5mm程度のものが使いやすいです。

❽ 刺しゅう針・
　まち針・
　ピンクッション

刺しゅう針は先のとがったフランス刺しゅう針を使用しています。糸の本数によって針の太さを替えると刺しやすくなります（page. 52参照）。

❾ 裁ちばさみ

布を切るときに使います。

❿ 糸切りばさみ

糸を切るときに使います。刃の先が細く、よく切れるものを用意しましょう。

Standard Stitches
基本のステッチ

本書で使う8つのステッチと、アップリケ刺しゅうをきれいに仕上げるためのコツを紹介します。

※4本どりで撮影しています。

本書で使用しているクロバーの針の目安

フランス刺しゅう針	No.3	6本どり
フランス刺しゅう針	No.5	3〜4本どり
フランス刺しゅう針	No.7	1〜2本どり

糸の扱い方

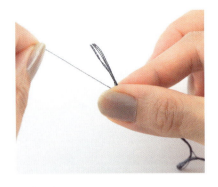

糸の中央で二つ折り

偶数本のとき

束から糸をそっと引き出して切り、その糸から必要な本数を1本ずつ優しく引き出してそろえます。指定の本数が「6本どり」とあるときは、引きそろえた3本の糸を針に通して、糸の中央で二つ折りにして6本にして使います。こうするとからみにくくなっておすすめです。同様に「4本どり」は2本の糸を、「2本どり」は1本の糸を、二つ折りにして使います。

ストレートステッチ

基本のステッチ。主にひと針で短い線を描くときに使います。

ランニングステッチ

並縫いのように出る・入るをくり返して表す点線のステッチ。この本では、面を埋める模様として使っています。

チェーンステッチ

太めの線を描くときに使用します。ふちどりして面を埋めるのにも適しています。カーブは細かく。針で布をすくいすぎず、同じ間隔で刺すと、きれいに仕上がります。

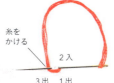
糸をかける
2入
3出　1出

3出

4入（3と同じ場所）
5出　3出

One point advice

尖った部分を刺す方法

1出　2入　　5出　3出
　　　　　　　4入

尖った部分は角で一度チェーンステッチを刺し終え、最後の輪から針を出して刺し始めます。

One point advice

面をチェーンステッチで埋める方法

外側から埋めていく

面を埋めるときは、外側から内側へ向かって刺していきます。

アウトライン ステッチ

「1歩進み半歩戻る」を繰り返し、長い線を描くときに使います。曲線を刺すときは細かく刺すと仕上がりがきれいです。出・入の位置を線上に揃えるのもきれいに仕上げるコツ。

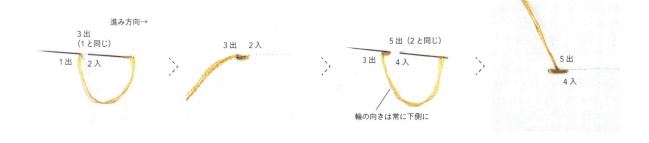

One point advice　直角をきれいに刺す方法

直角に近い角度で曲がるときは、一旦針を裏側のステッチにくぐらせて糸が抜けないようにし、同じ針穴から表に出して再スタートします。

フレンチノット ステッチ

糸の本数で玉の大きさを調整します。糸の本数に合うサイズの針（page.52 参照）を使うと刺しやすいです。

One point advice
フレンチノットステッチはつぶれないように注意。図案の中でも最後に刺しましょう。

糸を針に2回巻く　1出

1出　2入

糸を針に2回巻き、巻いた糸を指で押さえながら、針を出した1の穴から1mmほど離れた2に入れ、裏側へ引き抜きます。

サテン ステッチ

糸を平行に並べて面を埋めるステッチ。ふっくらとした立体感を出すため、糸並みをそろえるようにして優しくふわりと刺しましょう。

One point advice
サテンステッチは図案の線の少し外側を刺すと仕上がりがきれいです。

レイジーデイジーステッチ

花びらなど小さな模様を描くときに使います。

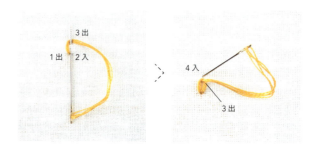

レイジーデイジーステッチ＋ストレートステッチ

レイジーデイジーステッチの上にかぶせるようにストレートステッチを1〜2回刺します。ボリュームのある楕円を描くことが出来ます。

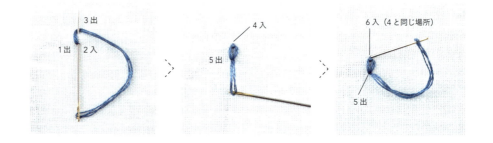

玉結び

玉止めも同様の結び方です。玉が絡まないように、ゆっくり糸を引きましょう。

糸を通した針先と糸端を合わせます。

針先に2回程度、糸を巻きます。

巻いたところを指で押さえながら、針を引き抜きます。

たてまつり

アップリケ布を土台布にとめるときに使います。アップリケに使う布と同じ色の糸を使って縫い目を目立たせないことが、きれいに仕上げるコツ。

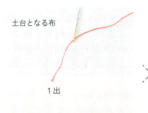

土台布の裏からアップリケ布の少し内側に針を出します。
※1本どりで撮影しています。

すぐ上の土台布に針を垂直に入れ、裏側で針を斜めに渡して1の隣に針を出します。

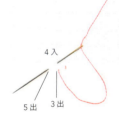

繰り返します。実際にはアップリケ布に合わせた色の糸でまつりましょう。

How to Applique
アップリケの基本

本書で紹介している図案を刺すために必要なアップリケの基本と、きれいに仕上げるためのコツを紹介します。ここでは、コットン布を使ってアップリケをしています。なお、アップリケ用布の布目の向きは、気にしないでOKです。

❶ 図案をトレーシングペーパーに描き写します。さらに、アップリケ部分を熱接着両面シート（つるつるした面）に描き写します。「反転の必要あり」の指示があるデザインはこのときに裏返して写します（Page.60参照）。

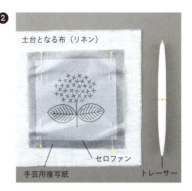

❷ リネン布の上に、手芸用複写紙（チョーク面を布側に）、①のトレーシングペーパー、セロファンの順に置き、まち針で固定します。アップリケする部分以外をトレーサーでなぞって描き写します。

❸ アップリケ部分以外を図案の指定通りに刺しゅうします。

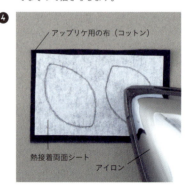

❹ コットン布の裏側に①の熱接着両面シートの糊が付いているざらざらした面を下にしてのせ、上からアイロンで2～3秒押し当てて接着します。

❺
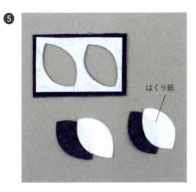

はくり紙

はさみでコットン布を図案通りに
カットした後、熱接着両面シートの
はくり紙をはがします。

❻

アップリケ用の布
（コットン）

③のアップリケ位置に、⑤の熱接着両面シートの
はくり紙をはがした面を下に向けて置き、5秒ほ
どアイロンを押し当てて接着します。なお、アイ
ロンをかける前に複写用のチョークを霧吹きの水
で落としておくと、きれいに仕上がります。

❼

刺しゅう枠に⑥をはめ、コットン
布と同色の糸を使い「たてまつり
(page.57参照)」で縫いとめます。

❽
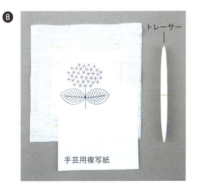

トレーサー

手芸用複写紙

①のトレーシングペーパーを使って、アップリケ部分
の上の刺しゅう図案を手芸用複写紙とトレーサーを
使って描き写します。アップリケ用の布が濃い色の場
合は、白の手芸用複写紙を使用するといいでしょう。

❾

⑧で描き写した部分を、図案の
指定通りに刺しゅうします。

One point advice

アイロンをかけると下絵が消えなく
なります。そのためシンプルな図案
の場合、アップリケ部分は土台布に
は描き写しません。図案が複雑にな
る場合は、アップリケ位置にあらか
じめ目印を付けておきましょう。

図案を反転する場合のアップリケ

左右が非対称の図案は、アップリケ部分の図案を反転させて写します。ここでは、図案の反転のさせ方を紹介します。フェルトを使ってアップリケをしています。

❶ 図案をトレーシングペーパーに描き写します。

❷ ①のトレーシングペーパーを裏返して、鉛筆などでアップリケ部分の図案を熱接着両面シートのつるつるの面に描き写します。

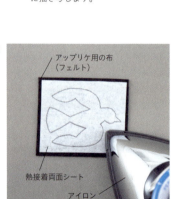

❸ フェルトの上に②の糊が付いているざらざらした面を下にしてのせ、上からアイロンを2～3秒押し当てて接着します。

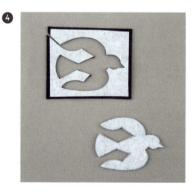

❹ はさみでフェルトを図案通りにカットします。

❺

はくり紙をはがします。

❻

土台にするリネン布にはくり紙をはがした面を下にして⑤を置き、5秒ほどアイロンを押し当てて接着します。

❼

刺しゅう枠に⑥をはめ、フェルトと同色の糸を使って、たてまつり（page.57参照）で縫いとめます。

❽

アップリケ部分の上の図案を描き写し、図案の指定通り刺しゅうします。フェルトの場合は、手芸用複写紙では写しにくい場合があるので、チャコペンを使うのもおすすめです。

One point advice

熱接着両面シートを使わずに、厚紙で型紙をつくる方法もあります。トレーシングペーパーに本書の図案を描き写し、厚紙に糊で接着して乾燥させた後、はさみで切り抜きます。出来た型は、そのままアップリケ用のフェルトやコットン布に当て、鉛筆などで型を写し、切り取ってアップリケパーツをつくります。出来たパーツは、まち針などで土台布に仮どめし、たてまつりで縫い付けます。木工用ボンドでも仮どめは出来ますが、その場合は、ほんの少量にしてください。なお、「図案のアップリケ部分は反転の必要あり」と表記された図案では、型紙を裏返して使用します。

ステッチでアップリケをとめる方法

アップリケの いろいろな テクニック

本書では、たてまつりをせずにステッチでアップリケをとめたり、パーツを重ねたりと、さまざまな手法を使ってアップリケを仕上げています。コットン布は切りっぱなしで使うため、時間がたてば、ややほつれが出てきますが、それも手づくりの味わいとして愛でていただける図案を考えました。ここでは、アップリケのいろいろなテクニックを紹介します。

写真 page.9

綿毛を表現したストレートステッチでアップリケ部分をとめています。

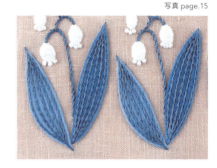

写真 page.15

スズランの葉の葉脈を表現したアウトラインステッチでアップリケ部分をとめています。

写真 page.47

枝を表現したアウトラインステッチ、生い茂る葉を表現したランニングステッチでアップリケ部分をとめています。

写真 page.35

葉脈を表現したアウトラインステッチで葉のアップリケ部分をとめています。

パーツを重ねるアップリケの方法

刺し始めと刺し終わり

写真 page.31

写真 page.24

熱接着両面シートで接着しているので、アップリケ布が複数重なる部分も基本的にパーツがずれることはありません。

〈表側〉　写真 page.42

〈表側〉　写真 page.30

〈裏側〉

〈裏側〉

刺し始めの位置は自由ですが、全体の中央から刺すと安定します。糸の端を玉結びして刺し始め、玉止めで終わるようにします。なお、一つの図案中の同じ糸色でも、2cm以上縫い目が離れるときや、別の図案のときはそれぞれ玉止めで終え、新たに刺し始めます。

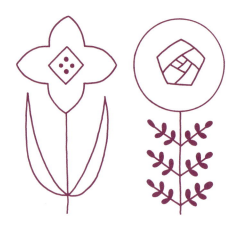

Patterns & Stitches

図案と刺し方

本書での表記について

作品例の刺し上がり寸法・仕上がり寸法…制作した作品本体の寸法。基本的に縦×横で示しています。ただし、持ち手ひもなどは含んでいません。

〈材料〉…布やひもを買うときの目安となる必要量。布は幅×長さで示しています。

材料欄の「エイティスケアー」、「キャンブリック」に続く数字は色番号です。

材料欄の「ミニー」、「ウォッシャブルフェルト」はサンフェルトの商品名です。続く数字はその色番号です。なお、図中では「ウォッシャブルフェルト」をWFと略しています。

拡大率の表示されていない図案や型紙は実物大です。

図中のSは「ステッチ」の略、（ ）内の数字は使用する糸の本数、続く数字はDMC25番刺しゅう糸の色番号を示しています。

図案の ▧▧▧ 部分は、アップリケする部分です。

図案は写真の作品例の一部のみを掲載している場合があります。写真を参照するほか、好みの配置や組み合わせで作品づくりをお楽しみください。

Floral Breeze / 花の風

写真 page.6

作品例の刺し上がり寸法：
12×36cm

〈材料〉

リネン布　白
コットン布　エイティスケアー 763（水色）15×10cm
　　　　　　エイティスケアー 728（薄紫）10×10cm
　　　　　　キャンブリック 52（エメラルドグリーン）10×5cm
DMC25番刺しゅう糸　340（薄紫）
　　　　　　　　　　561（エメラルドグリーン）
　　　　　　　　　　611（薄茶）
　　　　　　　　　　739（クリーム）
　　　　　　　　　　791（青紫）
　　　　　　　　　　930（ブルーグレー）
　　　　　　　　　　931（水色）…適宜

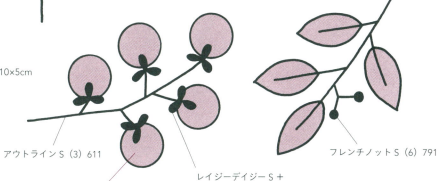

- フレンチノット S（4）739
- エイティスケアー 763　※花びらのパーツを2枚作って重ねる　931（1）でたてまつり
- キャンブリック 52　561（1）でたてまつり
- アウトライン S（1）930
- アウトライン S（4）561
- ストレート S（1）791
- アウトライン S（3）611
- アウトライン S（3）611
- エイティスケアー 728　340（1）でたてまつり
- レイジーデイジー S ＋ ストレート S（4）561
- フレンチノット S（6）791

Daisy Pattern
デイジー模様

写真 page.8

作品例の
刺し上がり寸法：
12.5×20cm

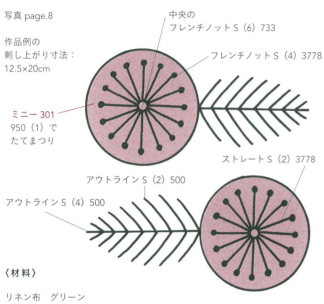

〈材料〉

リネン布　グリーン
フェルト　ミニー 301（薄オレンジ）15×12cm
DMC25番刺しゅう糸　500（濃緑）
　　　　　　　　　733（黄緑）
　　　　　　　　　950（薄ピンク）
　　　　　　　　　3778（サーモンピンク）…適宜

Puffball
タンポポ

写真 page.9

作品例の
刺し上がり寸法：
16.5×16.5cm

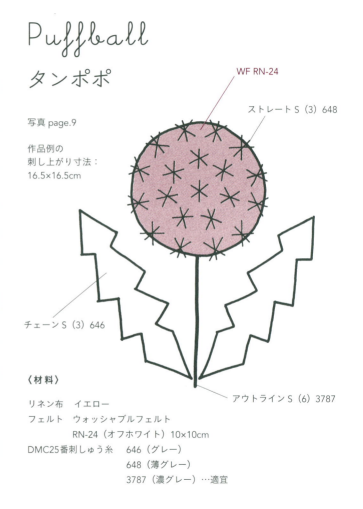

〈材料〉

リネン布　イエロー
フェルト　ウォッシャブルフェルト
　　　　　RN-24（オフホワイト）10×10cm
DMC25番刺しゅう糸　646（グレー）
　　　　　　　　　648（薄グレー）
　　　　　　　　　3787（濃グレー）…適宜

Rose / ローズ

写真 page.10

作品例の
刺し上がり寸法：
11×15.5cm

〈材料〉

リネン布　薄グレー
フェルト　ミニー 144（オレンジ）
　　　　　15×10cm
DMC25番刺しゅう糸　520（モスグリーン）
　　　　　　　　　900（濃オレンジ）
　　　　　　　　　ECRU（生成り）…適宜

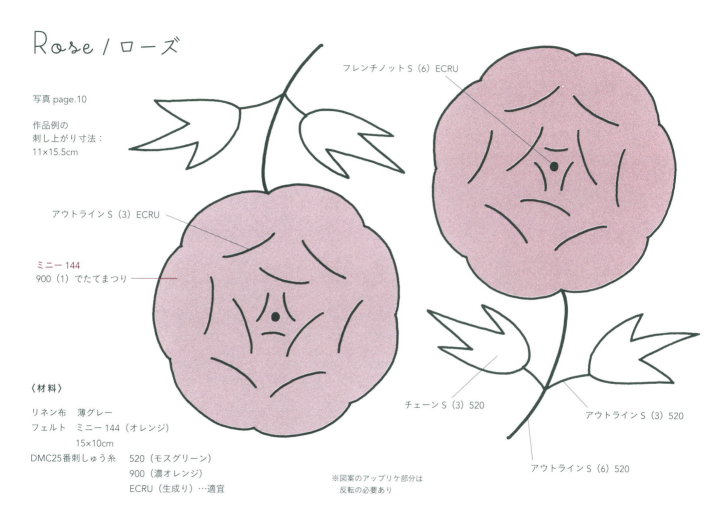

フレンチノットS（6）ECRU

アウトラインS（3）ECRU

ミニー 144
900（1）でたてまつり

チェーンS（3）520

アウトラインS（6）520

アウトラインS（3）520

※図案のアップリケ部分は
　反転の必要あり

Chafer / コガネムシ

写真 page.11

作品例の
刺し上がり寸法：
8×8cm

※刺しゅう枠のオーナメントの
　つくり方は page.70

WF RN-03
648（1）で
たてまつり

ストレート S（2）310

ストレート S（2）310

サテン S（4）310

レイジーデイジー S ＋ストレート S（4）310

※図案のアップリケ部分は
　反転の必要あり

〈材料〉

リネン布　ベージュピンク
フェルト　ウォッシャブルフェルト RN-03
　　　　　（薄マーブルグレー）10×10cm
DMC25番刺しゅう糸　310（黒）
　　　　　　　　　648（薄グレー）…適宜

Butterfly / チョウ

写真 page.11

作品例の
刺し上がり寸法：
8×8.5cm

※刺しゅう枠のオーナメントの
　つくり方は page.70

アウトライン S（2）ECRU

フレンチノット S（6）ECRU

ミニー 221
3064（1）で
たてまつり

ストレート S（6）ECRU

※図案のアップリケ部分は
　反転の必要あり

〈材料〉

リネン布　ブルーグレー
フェルト　ミニー 221（薄ベージュピンク）
　　　　　10×10cm
DMC25番刺しゅう糸　3064（ベージュピンク）
　　　　　ECRU（生成り）…適宜

刺しゅう枠
オーナメントのつくり方

写真 page.11、page.40
図案 page.68、page.69、page.103

仕上がり寸法：直径（内径）10cm

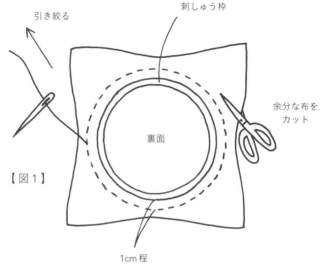

【図1】
引き絞る
刺しゅう枠
裏面
余分な布をカット
1cm程

〈材料〉

リネン布　表布用 20×20cm　※好みのアップリケを施す
フェルト　裏布用 10×10cm　※表布と同色
刺しゅう枠　直径（内径）10cm…1個
手縫い糸　表布・裏布と同色…適宜

〈つくり方〉

1. 表布の表面中央位置に好みの図案を写し、刺しゅう枠にはめてアップリケをする。裏布用フェルトは、直径 9cmの円形にカットする。
2. 表布を刺しゅう枠にはめたまま裏に返し、枠の1cm程外側を手縫い糸でぐし縫いし、糸を引き絞って縮める。【図1】
3. 表布の余分をカットし、枠の内側に収める。
4. 枠の裏面に蓋をするように裏布用フェルトをのせ【図2】、まち針で固定し、たてまつりで縫いつける。

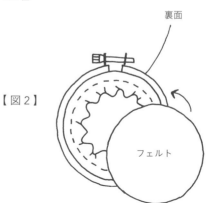

【図2】
裏面
フェルト

Strawberry Flowers / イチゴの花

写真 page.12

作品例の刺し上がり寸法：
12.5×18cm

〈材料〉

リネン布　濃グレー
フェルト　ミニー 117（コーラルレッド）12×12cm
　　　　　ウォッシャブルフェルト RN-24（オフホワイト）
　　　　　12×12cm
DMC 25番刺しゅう糸　355（コーラルレッド）
　　　　　　　　　　733（黄緑）
　　　　　　　　　　890（緑）
　　　　　　　　　　3857（赤茶）
　　　　　　　　　　ECRU（生成り）…適宜

フレンチノット S（4）733

WF RN-24
ECRU（1）で
たてまつり

アウトライン S（3）890

フレンチノット S（2）3857

ストレート S（2）733

チェーン S（3）890

ストレート S（6）890

ミニー 117
355（1）で
たてまつり

※図案のアップリケ部分は反転の必要あり

ピンクッションのつくり方

写真 page.13　図案 page.71

仕上がり寸法：7×7cm

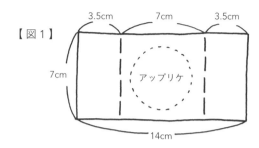

〈材料〉

リネン布　表布用（薄グリーン）20×10cm
フェルト　ミニー 117（コーラルレッド）4×4cm
　　　　　ウォッシャブルフェルト　RN-24（オフホワイト）4×4cm
DMC 25番刺しゅう糸　355（コーラルレッド）
　　　　　　　　　　733（黄緑）
　　　　　　　　　　890（緑）
　　　　　　　　　　3857（赤茶）
　　　　　　　　　　ECRU（生成り）…適宜
手芸用わた　適量
手縫い糸　表布と同色

〈つくり方〉

1. リネン布の裏面に出来上がりの寸法【図1】を描き、アップリケ位置の表面に図案を写してアップリケをする。

2. アップリケが完成したら、周囲に縫い代1cmを足して布を裁つ。

3. 2の布を中表に二つ折りにし、返し口を5cm程残して縫う。【図2】

4. 3の縫い目（縫い代は開く）が中央になるよう折り目をつけ、上下の端を縫い合わせる。【図3】

5. 返し口から表に返して形を整え、返し口から手芸用わたを適量詰める。

6. 返し口をコの字まつり（それぞれの折り山を突き合わせ、交互に糸が渡るように等間隔にすくう）で閉じる。【図4】

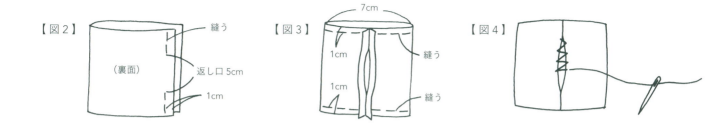

Bee / ハチ

写真 page.14

作品例の
刺し上がり寸法：
15×21cm

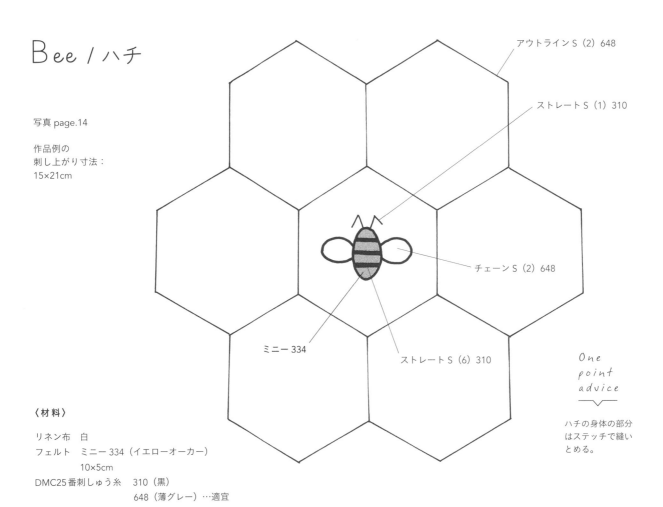

アウトラインS（2）648

ストレートS（1）310

チェーンS（2）648

ミニー 334

ストレートS（6）310

One point advice

ハチの身体の部分はステッチで縫いとめる。

〈材料〉

リネン布　白
フェルト　ミニー 334（イエローオーカー）
　　　　　10×5cm
DMC25番刺しゅう糸　310（黒）
　　　　　　　　　648（薄グレー）…適宜

Lily of the Valley / スズラン

写真 page.15

作品例の
刺し上がり寸法：
9×14cm

One point advice

葉のアウトラインステッチは、中央の線を最初に刺して、次に両隣の線を刺していくときれいに仕上がる。

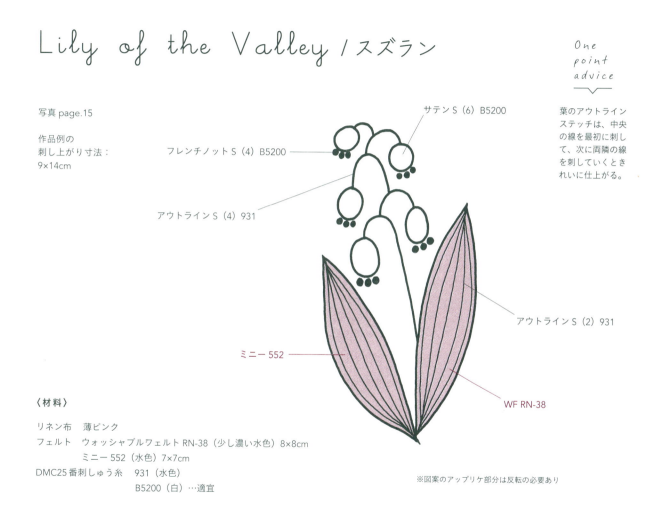

サテンS（6）B5200
フレンチノットS（4）B5200
アウトラインS（4）931
アウトラインS（2）931
ミニー 552
WF RN-38

〈材料〉

リネン布　薄ピンク
フェルト　ウォッシャブルフェルト RN-38（少し濃い水色）8×8cm
　　　　　ミニー 552（水色）7×7cm
DMC25番刺しゅう糸　931（水色）
　　　　　　　　　　B5200（白）…適宜

※図案のアップリケ部分は反転の必要あり

75

Hydrangea Pattern / アジサイ模様

写真 page.16-17

作品例の刺し上がり寸法：
14.5×14.5cm

ドイリーのつくり方は page.77

ストレート S（6）153

アウトライン S（2）336

エイティスケアー 723
939（1）でたてまつり

アウトライン S（6）840

〈材料〉

リネン布　青
コットン布　エイティスケアー 723（紺）10×10cm
DMC25番刺しゅう糸　153（薄ピンク）
　　　　　　　　　336（青）
　　　　　　　　　840（薄茶）
　　　　　　　　　939（紺）…適宜

ドイリーのつくり方

写真 page.16　図案 page.76
仕上がり寸法：22×22cm

〈材料〉

リネン布　表布用（水色）25×25cm、裏布用（水色）25×25cm
コットン布　エイティスケアー 723（紺）10×10cm
DMC25番刺しゅう糸　153（薄ピンク）
　　　　　　　　　　336（青）
　　　　　　　　　　840（薄茶）
　　　　　　　　　　939（紺）…適宜
手縫い糸又はミシン糸　表布と同色…適宜

〈つくり方〉

1. 表布は裁つ前にアップリケをする。まず、裏面に【図1】の寸法を描き、表面の中央にアップリケ図案を写す。アップリケが完成したら周囲に縫い代1cmを足して布を裁つ。
2. 裏布も表布と同寸に裁つ。
3. 1の表布と2の裏布を中表に合わせ、返し口を5cm程残して縫う。【図2】
4. 返し口から表に返して形を整えたら、返し口をコの字まつり（page.72 ピンクッションのつくり方6を参照）で閉じる。

【図1】

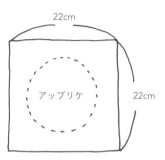

【図2】

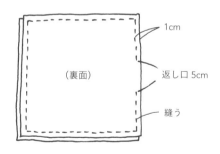

Field Flowers / 野の花

写真 page.18-19

作品例の刺し上がり寸法：
11×39cm

〈材料〉

リネン布　生成り
フェルト　ミニー304（薄イエロー）6×3cm
　　　　　ミニー701（白）5×4cm
　　　　　ミニー552（水色）6×6cm
　　　　　ミニー105（サーモンピンク）8×4cm
　　　　　ミニー301（薄オレンジ）6×3cm
DMC25番刺しゅう糸　520（モスグリーン）
　　　　　　　　　　522（薄緑）
　　　　　　　　　　543（薄ベージュピンク）
　　　　　　　　　　646（グレー）
　　　　　　　　　　932（水色）
　　　　　　　　　　950（ベージュピンク）
　　　　　　　　　　3041（紫）
　　　　　　　　　　3078（薄黄）
　　　　　　　　　　3712（サーモンピンク）
　　　　　　　　　　B5200（白）…適宜

※図案のアップリケ部分は反転の必要あり

Modern Flowers / モダンフラワー

写真 page.20-21

作品例の刺し上がり寸法：8×17cm

ミニバッグのつくり方は page.82

〈材料〉　リネン布　濃グリーン
　　　　フェルト　ミニー301（薄オレンジ）18×5cm
　　　　DMC25番刺しゅう糸　950（ベージュピンク）…適宜

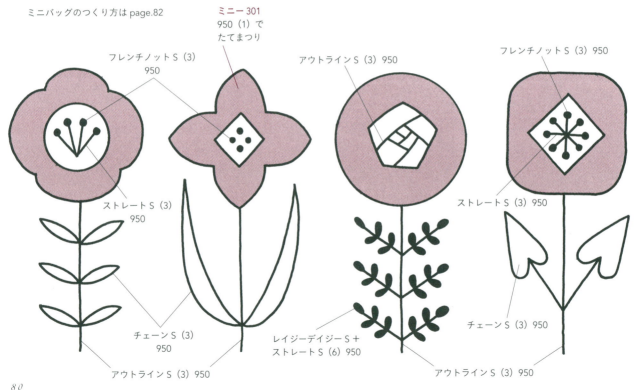

【ミニバッグ型紙】
160% 拡大で実物大

page.2 の作品

〈材料〉

リネン布（共通）　ベージュ

フェルト／
DMC25 番しゅう糸
（左から順に）
・ミニー 105（サーモンピンク）／
　893（サーモンピンク）でたてまつり
・ミニー 144（オレンジ）／
　900（オレンジ）でたてまつり
・ミニー 126（ピンク）／
　3687（ピンク）でたてまつり
・ミニー 117（コーラルレッド）／
　355（コーラルレッド）でたてまつり
※葉と茎の刺しゅう糸はすべて 561（グリーン）

ミニバッグのつくり方

写真 page.20　図案 page.81

仕上がり寸法：22×22cm（持ち手含まず）

〈材料〉

リネン布　表布・持ち手用（薄ピンク）60×45cm
　　　　　裏布用（薄ピンク）60×30cm
フェルト　ウォッシャブルフェルト RN-24（オフホワイト）
　　　　　18×10cm
DMC25番刺しゅう糸　ECRU（生成り）
結びひも　白 35cm（0.8cm 幅）を 2 本
　　　　　※色はお好みで
ミシン糸　表布と同色…適宜

〈つくり方〉

1. 持ち手用の布を 6×40cm でカットし、四つ折りにして両端にミシンステッチをかける。【図1】
2. 表布は裁つ前にアップリケをする。まず裏面に Page.81 の型紙線を写し、アップリケ位置の表面に図案を写してアップリケをする。アップリケが完成したら縫い代 1cm を足して布を裁つ。表布は同じものを 2 枚つくる。
3. 2 の表布を中表に合わせて、袋口を除いた外周をぐるりと縫い合わせる。【図2】
4. 裏布も表布と同寸に裁ち、片方の脇の中央辺りに返し口を 5cm 程残して縫う。【図3】
5. 3 の表布と 4 の裏布を中表に合わせ、1 の持ち手と結びひもを図の位置に挟み、袋口を縫う。【図4】
6. 縫い代を 0.5cm 残してカットする。カーブの部分に 1cm 間隔の切り込みを入れると形がきれいに仕上がる。返し口から表に返し、形を整えたら返し口をコの字まつり（page.72 ピンクッションのつくり方 6 を参照）で閉じる。

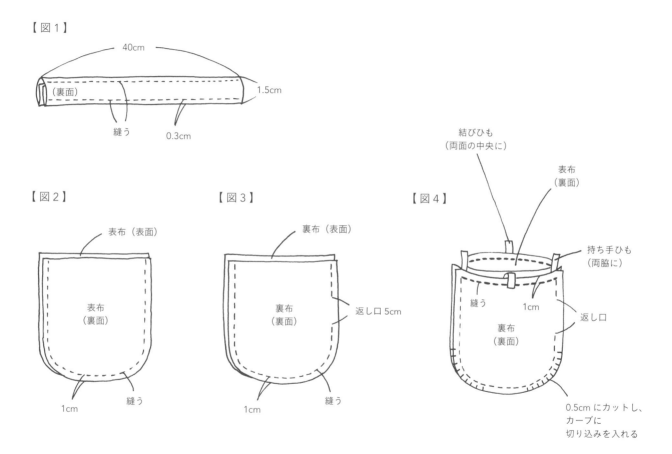

Flying Birds
フライングバード

写真 page.23

作品例の刺し上がり寸法：
14.5×17.5cm

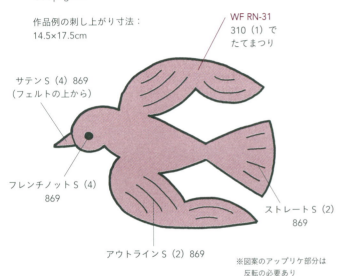

- サテンS（4）869（フェルトの上から）
- フレンチノットS（4）869
- WF RN-31　310（1）でたてまつり
- ストレートS（2）869
- アウトラインS（2）869

※図案のアップリケ部分は反転の必要あり

〈材料〉

リネン布　ベージュ
フェルト　ウォッシャブルフェルト RN-31（ブラック）18×18cm
DMC25番刺しゅう糸　310（黒）
　　　　　　　　　　869（イエローオーカー）…適宜

Wildflowers
野草

写真 page.22

作品例の刺し上がり寸法：
12.5×18cm

〈材料〉

リネン布　青
フェルト　ウォッシャブルフェルト RN-24（オフホワイト）8×8cm
　　　　　ウォッシャブルフェルト RN-26（紺）10×5cm
　　　　　ミニー 770（グレー）8×8cm
DMC25番刺しゅう糸　317（グレー）
　　　　　　　　　　318（薄ブルーグレー）
　　　　　　　　　　319（緑）
　　　　　　　　　　939（紺）
　　　　　　　　　　ECRU（生成り）…適宜

One point advice：たてまつりをきれいに仕上げる自信がないときは、縫い目の目立たない濃い色のフェルトがおすすめ。

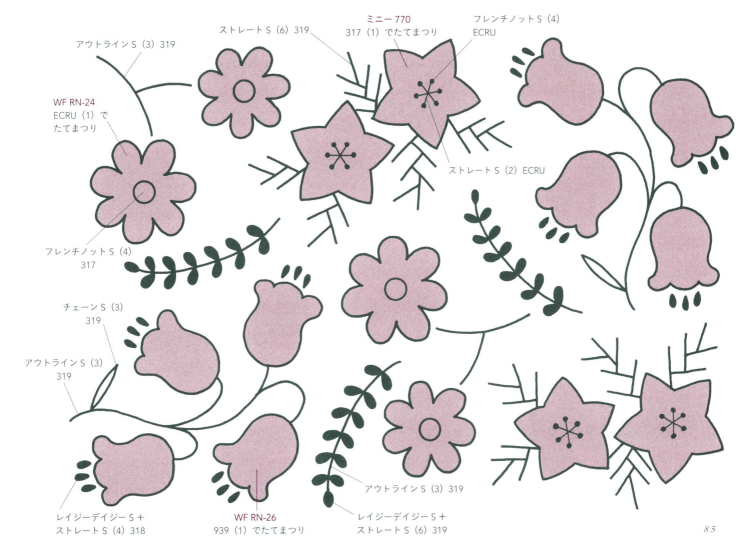

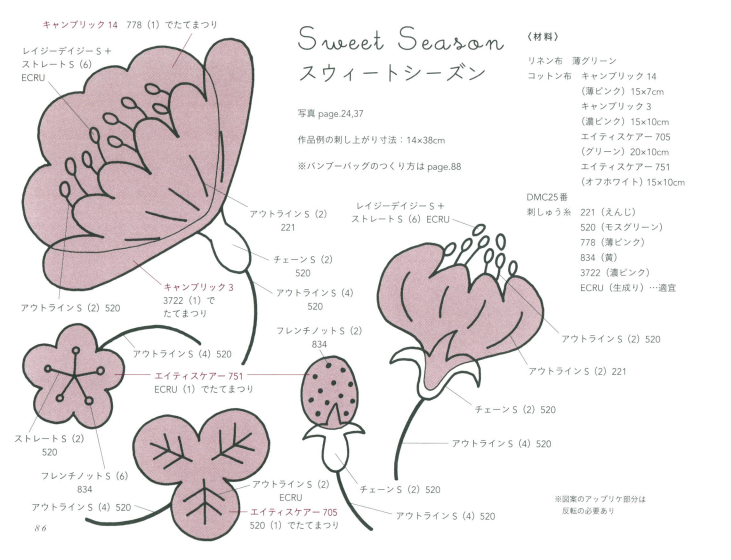

【バンブーバッグ型紙】
200% 拡大で実物大

バンブーバッグのつくり方

写真 page.37　図案 page.87

仕上がり寸法：約 19×31.5cm（持ち手含まず）

〈材料〉

リネン布　表布用 (ブラウン) 90×35cm
　　　　　裏布用 (白) 90×35cm
コットン布　キャンブリック 14（薄ピンク）30×7cm
　　　　　　キャンブリック 3（濃ピンク）30×10cm
　　　　　　エイティスケアー 705（グリーン）40×10cm
　　　　　　エイティスケアー 751（オフホワイト）30×10cm
DMC25 番刺しゅう糸　221（えんじ）、520（モスグリーン）
　　　　　　　　　　778（薄ピンク）、834（黄）
　　　　　　　　　　3722（濃ピンク）、ECRU（生成り）…適宜
バンブーハンドル　直径 11cm のもの 1 組
ミシン糸　表布と同色…適宜
仮縫い用の糸…適宜

One point advice 〉 ハンドルは直径 10〜15cm のものがつくりやすい。ハンドルを付ける際は、しつけ糸などで仮縫いをすると仕立てやすい。アイロンを当てながら仕立てるのが、きれいに仕上げるコツ。

〈つくり方〉

1. 表布は裁つ前にアップリケをする。まず、裏面に page.87 の型紙線を写し、表面にアップリケ図案を写す。アップリケが完成したら縫い代 1cm を足して布を裁つ。袋口部分に縫い代は不要。表布は同じものを 2 枚つくる。

2. 1 の表布を中表に合わせて、両脇の 15cm と袋口を残してぐるりと縫い合わせる。【図 1】

3. 裏布も表布と同寸に 2 枚裁って中表に合わせ、両脇の 15cm と袋口を残して縫う。

4. 2 の表布と 3 の裏布を中表に合わせ、両脇の 15cm の部分を合わせて【図 2】のように縫う。

5. 縫い代を 0.5cm 残してカットする。カーブの部分に 1cm 間隔の切り込みを入れると形がきれいに仕上がる。

6. 袋口から表に返して形を整えたら、袋口の上部分 6cm を図のように裏布側に三つ折りし【図 3】、ハンドルを挟み込み、まち針でとめて仮縫いする。【図 4】

7. 6 の折り込んだ端 0.5cm をミシンステッチする。両面にハンドルをとり付けたら、仮縫いの糸を抜き取る。

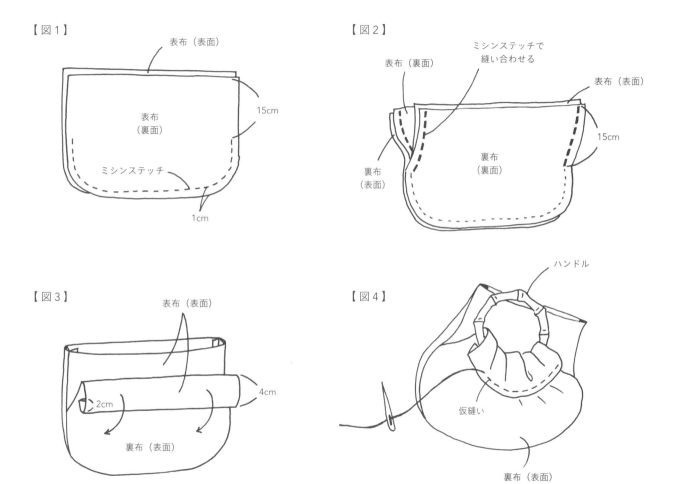

Classic Flower
クラシックフラワー

写真 page.26-27

作品例の刺し上がり寸法：13×19cm

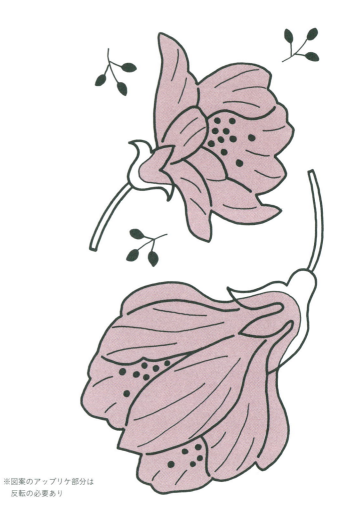

〈材料〉

リネン布　ベージュ
コットン布　エイティスケアー 781（えんじ）　30×10cm
　　　　　　エイティスケアー 705（グリーン）　5×3cm
DMC25番刺しゅう糸　319（緑）
　　　　　　　　　　520（モスグリーン）
　　　　　　　　　　902（えんじ）
　　　　　　　　　　ECRU（生成り）…適宜

※図案のアップリケ部分は
　反転の必要あり

Green Wreath
葉っぱのリース

写真 page.28

作品例の
刺し上がり寸法：
12×12cm

〈材料〉

リネン布　白
コットン布　エイティスケアー 747
　　　　　（薄グリーン）10×5cm
　　　　　エイティスケアー 705
　　　　　（グリーン）10×5cm

DMC25番
刺しゅう糸　433（黄茶）
　　　　　500（濃緑）
　　　　　520（モスグリーン）
　　　　　646（グレー）
　　　　　739（クリーム）
　　　　　839（茶）
　　　　　3022（薄緑）…適宜

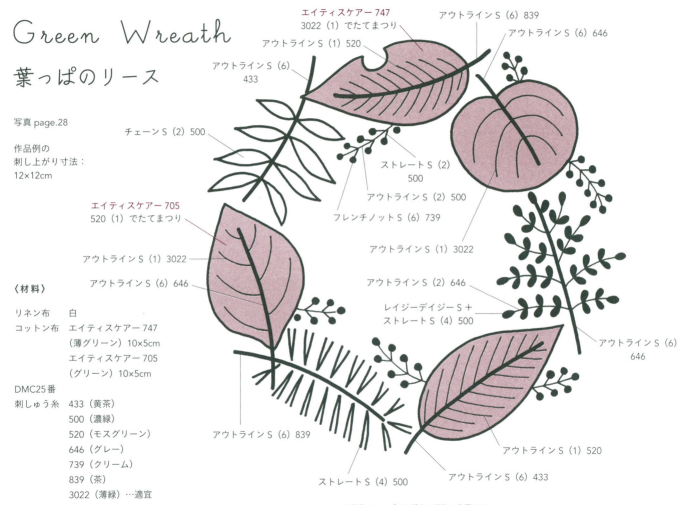

※図案のアップリケ部分は反転の必要あり

Tulip
チューリップ

写真 page.29

作品例の
刺し上がり寸法：
17.5×12cm

〈材料〉

リネン布　薄グレー
フェルト　ミニー334（イエローオーカー）6×6cm
　　　　　ミニー333（イエロー）6×6cm
　　　　　ミニー331（カスタード）6×6cm
DMC25番
刺しゅう糸　645（濃グレー）
　　　　　677（カスタード）
　　　　　3820（濃黄）
　　　　　3821（黄）…適宜

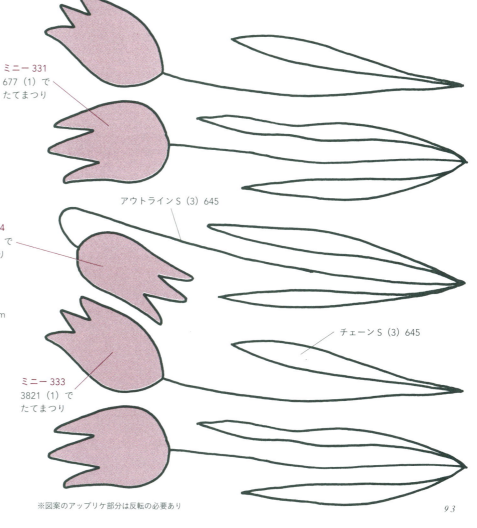

ミニー331
677（1）で
たてまつり

アウトラインS（3）645

ミニー334
3820（1）で
たてまつり

チェーンS（3）645

ミニー333
3821（1）で
たてまつり

※図案のアップリケ部分は反転の必要あり

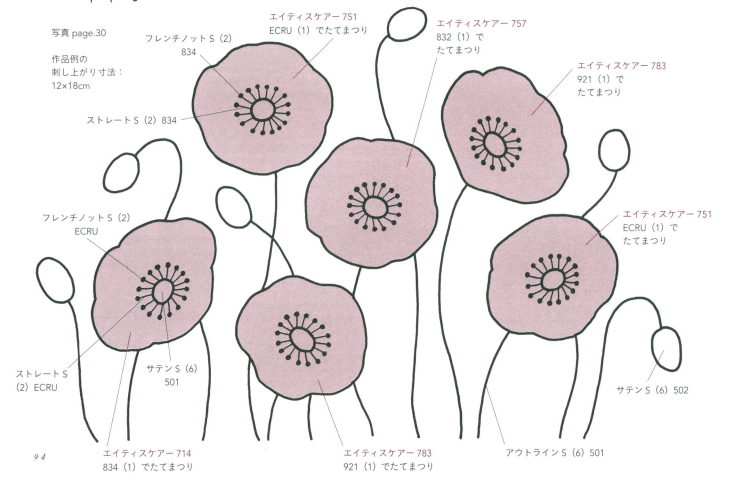

〈材料〉

リネン布　薄ブルー
コットン布　エイティスケアー 714
　　　　　　（イエロー）5×5cm
　　　　　　エイティスケアー 751
　　　　　　（オフホワイト）8×5cm
　　　　　　エイティスケアー 757
　　　　　　（イエローオーカー）5×4cm
　　　　　　エイティスケアー 783
　　　　　　（オレンジ）8×5cm

DMC25番
刺しゅう糸　501（エメラルドグリーン）
　　　　　　502（薄エメラルドグリーン）
　　　　　　832（イエローオーカー）
　　　　　　834（黄）
　　　　　　921（オレンジ）
　　　　　　ECRU（生成り）…適宜

Calla Lily / カラーの花

写真 page.31

※図案のアップリケ部分は反転の必要あり

作品例の
刺し上がり寸法：
20×24cm

フレンチノット S（6）733

アウトライン S（2）648

WF RN-24
ECRU（1）で
たてまつり

花の上側を上にして
フェルトを重ねる

チェーン S（3）501

アウトライン S（3）501

〈材料〉

リネン布　薄紫
フェルト　ウォッシャブルフェルト RN-24
　　　　　（オフホワイト）18×10cm
DMC25番刺しゅう糸　501（エメラルドグリーン）
　　　　　　　　　　648（薄グレー）
　　　　　　　　　　733（黄緑）
　　　　　　　　　　ECRU（生成り）…適宜

Symmetry Flower Pattern
シンメトリーフラワーパターン

写真 page.32-33

作品例の刺し上がり寸法：12.5×18.5cm

※ポーチのつくり方は page.98

page.33 の作品

〈材料〉

リネン布　生成り
フェルト　ミニー 558（紺）20×15cm
DMC25番刺しゅう糸　939（紺）
　　　　　　　　　ECRU（生成り）…適宜

リネン布（生成り）に、ミニー 558 を 939（1）でたてまつりで付け、ステッチには、ECRU（フェルトに重ねる部分）、939（フェルトに重ねない部分）を使用。

page.32 のポーチ

〈材料〉

リネン布　表布用（紺）45×20cm
　　　　　裏布用（白）45×20cm
フェルト　ミニー 235（ベージュ）20×15cm
DMC25番刺しゅう糸　3790（ベージュ）
　　　　　　　　　939（紺）…適宜
ひも　幅0.4cm 程度のものを約 80cm
手縫い糸又はミシン糸　表布と同色…適宜

リネン布（紺）に、ミニー 235 を 3790（1）でたてまつりで付け、ステッチには、939（フェルトに重ねる部分）、3790（フェルトに重ねない部分）を使用。

One point advice

アップリケが多めのシンメトリーのフラワーパターン。フェルトの色は、たてまつりの目立たない暗めの色を選ぶと仕上がりがきれい。

ポーチのつくり方

写真 page.32　図案 page.97

仕上がり寸法：11cm×16cm（折りたたんだ時）

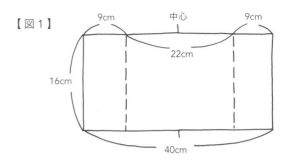

〈つくり方〉

1. 表布は裁つ前にアップリケをする。まず裏面に【図1】の寸法を描き、表面に図案を写してアップリケ。アップリケが完成したら周囲に縫い代1cmを足して布を裁つ。
2. 裏布も表布と同寸に裁ち、1の表布と裏布を中表に合わせ、返し口を5cm程残して四辺を縫う。【図2】
3. 縫い代を0.5cm残してカットし、返し口から表に返し、形を整えたら返し口をコの字まつり（page.72 ピンクッションのつくり方6を参照）で閉じる。
4. 両端を9cm折り、重なり部分の上下の端をコの字まつりで縫い合わせる。【図3】
5. ひもを巻いて結ぶ。

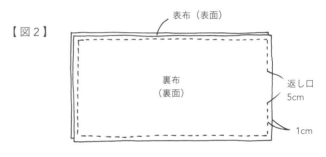

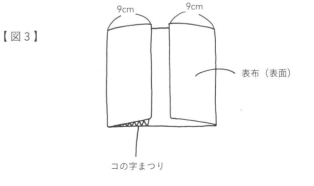

One point advice　刺しゅう図案は布の中心線に合わせて写すのがポイント。

Simple Floral Pattern
シンプルフローラルパターン

写真 page.36

作品例の刺し上がり寸法：14×18cm

〈材料〉

リネン布　薄グリーン
フェルト　ミニー304（薄イエロー）20×10cm
DMC25番刺しゅう糸　834（黄）
　　　　　　　　　　3078（薄黄）
　　　　　　　　　　3363（薄緑）…適宜

ストレートS（2）834

フレンチノットS（4）834

ミニー304
3078（1）で
たてまつり

レイジーデイジーS（2）3363

Sunflower
ヒマワリ

写真 page.38

作品例の
刺し上がり寸法：
11×16cm

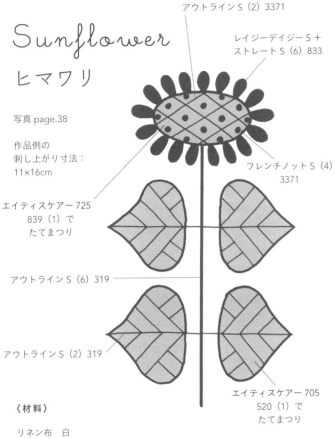

アウトライン S（2）3371

レイジーデイジー S ＋
ストレート S（6）833

フレンチノット S（4）
3371

エイティスケアー 725
839（1）で
たてまつり

アウトライン S（6）319

アウトライン S（2）319

エイティスケアー 705
520（1）で
たてまつり

〈材料〉

リネン布　白
コットン布　エイティスケアー 725（茶）6×3cm
　　　　　　エイティスケアー 705（グリーン）10×10cm
DMC25番刺しゅう糸　319（緑）、520（モスグリーン）、833（黄）
　　　　　　　　　　839（茶）、3371（濃茶）…適宜

Lilac Garden 1&2
ライラックの庭1&2

Lilac Garden 1（単色）　写真 page.34
Lilac Garden 2（多色）　写真 page.35

作品例の刺し上がり寸法：14×19cm

page.34 の作品（単色）

〈材料〉　リネン布　ローズピンク
　　　　　フェルト　ミニー 221（ベージュピンク）12×10cm
　　　　　DMC25番刺しゅう糸 739（クリーム）…1束

page.35 の作品（多色）

〈材料〉　リネン布　生成り
　　　　　フェルト　ウォッシャブルフェルト RN-20（濃グリーン）
　　　　　　　　　　12×10cm
　　　　　DMC25番刺しゅう糸　225（薄ピンク）、632（赤茶）
　　　　　　　　　　　　　　　739（クリーム）、778（ピンク）
　　　　　　　　　　　　　　　895（緑）、3726（濃ピンク）…適宜

Floral Wreath
花のリース

写真 page.39

作品例の
刺し上がり寸法：
12.5×12.5cm

〈材料〉

リネン布　クリームベージュ
コットン布　エイティスケアー 803（水色）
　　　　　　8×8cm
DMC25番刺しゅう糸　632（赤茶）
　　　　　　　　　　733（黄緑）
　　　　　　　　　　791（青紫）
　　　　　　　　　　800（水色）
　　　　　　　　　　895（緑）
　　　　　　　　　　ECRU（生成り）…適宜

アウトラインS（2）733

エイティスケアー803
800（1）で
たてまつり

フレンチノットS（6）ECRU

サテンS（6）895

フレンチノットS（6）
791

チェーンS（3）895

アウトラインS（3）632

102

Bird on a Branch
枝にとまる鳥

写真 page.40

作品例の
刺し上がり寸法：6×8cm

※刺しゅう枠のオーナメントの
　つくり方は page.70

〈材料〉

リネン布　生成り
フェルト　ウォッシャブルフェルト　RN-19（濃ブルー）6×4cm
　　　　　ウォッシャブルフェルト　RN-26（紺）4×2cm
DMC25番刺しゅう糸　312（青）
　　　　　　　　　　834（黄）
　　　　　　　　　　939（紺）
　　　　　　　　　　3362（モスグリーン）
　　　　　　　　　　3790（ベージュ）…適宜

フレンチノットS（4）939

フェルトの上から
サテンS（3）834

WF RN-19
312（1）でたてまつり

アウトラインS（2）939

アウトラインS（3）3790

WF RN-26
939（1）で
たてまつり

アウトラインS（2）312

フレンチノットS（6）834

アウトラインS（2）939

サテンS（6）3362

アウトラインS（3）3790

チェーンS（3）3790

※図案のアップリケ部分は反転の必要あり

Cactus
サボテン

写真 page.44

One point advice：サボテンの棘の部分はランダムに刺してOK。

作品例の
刺し上がり寸法：17×17cm

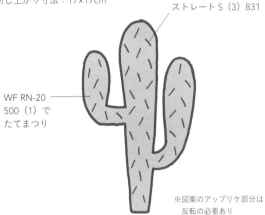

ストレートS（3）831

WF RN-20
500（1）で
たてまつり

※図案のアップリケ部分は
反転の必要あり

〈材料〉

リネン布　薄ピンク
フェルト　ウォッシャブルフェルト RN-20（濃グリーン）15×10cm
DMC25番刺しゅう糸　500（濃緑）
　　　　　　　　　　831（イエローオーカー）…適宜

Leaves
葉っぱ

写真 page.41

作品例の
刺し上がり寸法：14×20cm

〈材料〉

リネン布　黒
コットン布　エイティスケアー 705（グリーン）15×10cm
　　　　　　エイティスケアー 812（濃グリーン）10×5cm
　　　　　　エイティスケアー 747（薄グリーン）10×5cm
DMC25番刺しゅう糸　319（緑）
　　　　　　　　　　520（モスグリーン）
　　　　　　　　　　611（薄茶）
　　　　　　　　　　3022（薄緑）…適宜

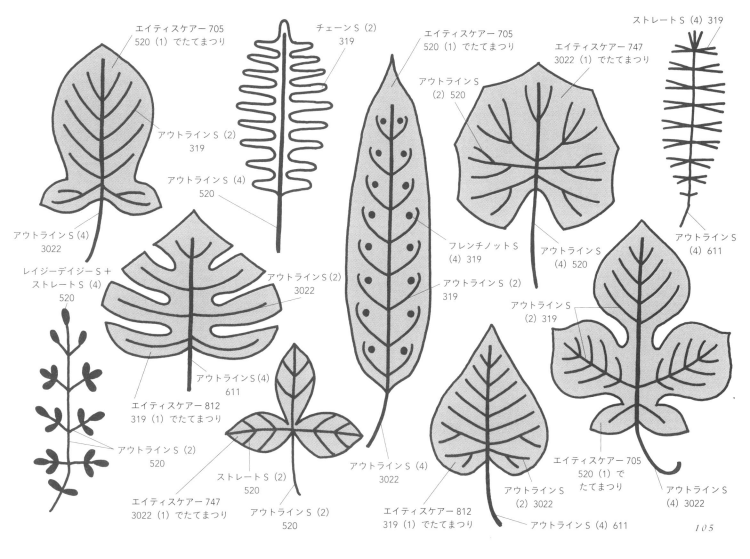

Autumn Wind / 秋風

写真 page.42-43

作品例の
刺し上がり寸法：13.5×38cm

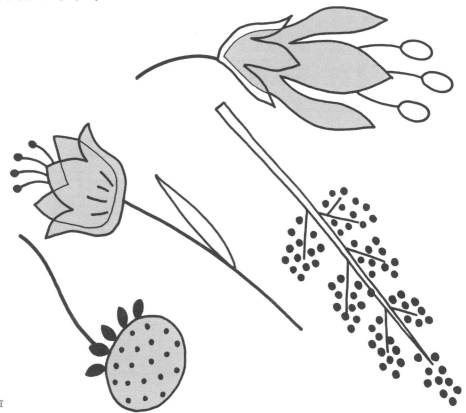

〈材料〉

リネン布　ブラウン
フェルト　ウォッシャブルフェルト
　　　　RN-24（オフホワイト）8×3cm
　　　　ミニー 118（えんじ）6×3cm
　　　　ミニー 144（オレンジ）12×6cm
　　　　ミニー 444（グリーン）20×6cm
　　　　ウォッシャブルフェルト
　　　　RN-33（ベージュ）12×5cm
DMC25番刺しゅう糸　612（ベージュ）
　　　　　　　　　815（えんじ）
　　　　　　　　　900（オレンジ）
　　　　　　　　　904（緑）
　　　　　　　　　3031（濃茶）
　　　　　　　　　ECRU（生成り）…適宜

※図案のアップリケ部分は反転の必要あり

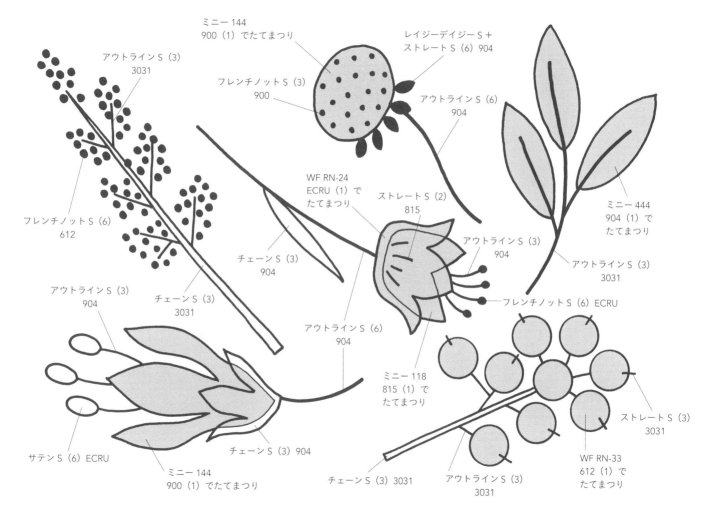

Palm Tree
ヤシ

One point advice：ヤシの葉の部分は、ストレートステッチで縫いとめる。

写真 page.45

作品例の刺し上がり寸法：8.5×14cm

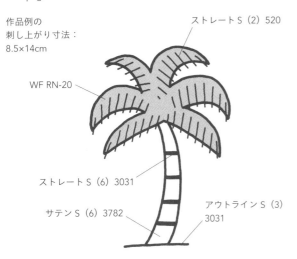

ストレートS（2）520
WF RN-20
ストレートS（6）3031
サテンS（6）3782
アウトラインS（3）3031

※図案のアップリケ部分は反転の必要あり

〈材料〉

リネン布　ブラウン
フェルト　ウォッシャブルフェルト RN-20（濃グリーン）12×5cm
DMC25番刺しゅう糸　520（モスグリーン）、3031（濃茶）
　　　　　　　　　　3782（ベージュ）…適宜

Noon in the Forest
Night in the Forest

Noon in the Forest（昼の森）　写真 page.46
Night in the Forest（夜の森）　写真 page.47

作品例の刺し上がり寸法：13×14cm

page.46 の作品（Noon in the Forest）

〈材料〉　リネン布　白
　　　　フェルト　ミニー 444（グリーン）15×12cm
　　　　DMC25番刺しゅう糸　3021（濃茶）…適宜

page.47 の作品（Night in the Forest）

〈材料〉　リネン布　紺
　　　　フェルト　ミニー 770（グレー）15×10cm
　　　　DMC25番刺しゅう糸　ECRU（生成り）…適宜

/ 昼の森
/ 夜の森

ランニング S（1）
Noon in the Forest の場合は 3021
Night in the Forest の場合は ECRU

アウトライン S（2）

アウトライン S（2）

チェーン S（2）
を 2 列

One point advice フェルトはステッチを使って縫いとめる。

フェルトを重ねる

※図案のアップリケ部分は反転の必要あり

109

パネルのつくり方

写真 page.44-45　図案 page.104,108

仕上がり寸法：14.8×21cm

〈材料〉

アップリケ刺しゅうをした布…40×30cm（目安）
木製パネル（A5サイズ）
画びょう
ガンタッカー
マスキングテープ

One point advice 〉 アップリケ刺しゅうをした布が、白や生成りなど透けやすい色の場合は、あらかじめ白い紙をパネルに糊で貼っておく。パネルの木目が透けず、きれいに仕上がる。

〈つくり方〉

1. アップリケ刺しゅうをした布にアイロンをかけ、しわを伸ばす。
2. 木製パネルの上に布を広げ、刺しゅうの位置を調整したら裏返す。（布は木製パネルよりも上下左右に5cm以上大きいと貼りやすい。）【図1】
3. 布をパネルに仮どめする。布がたるまないように、上下左右の中央を画びょうでとめる。刺しゅうの位置を確認して、微調整を加えながら貼る。【図2】
4. パネルの長辺の画びょうを外し、ガンタッカーでとめる。その際、たるまないように布を少し引っぱりながらとめるのがポイント。長辺に均一の間隔でとめる。（ガンタッカーは大きな音がするので注意）【図3】
5. 4の要領で、ガンタッカーを使ってパネルの短辺も同じようにとめる。その際、パネルの角はとめずに残しておく。【図4】
6. パネルの角の余った布を、角に合わせて折り畳んで整える。【図5】
7. 6で畳んだ布の上からガンタッカーで角をとめる。残りの角も同様に布を整えてからとめる。【図6】
8. 余分な布を裁ちばさみで切り取る。【図7】
9. ガンタッカーの針を好みのマスキングテープで隠す。【図8】

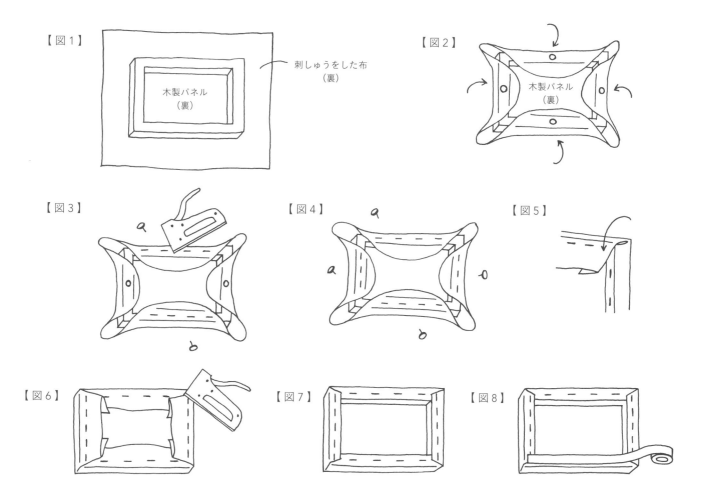

樋口愉美子のアップリケ刺しゅう

発行日	2016年11月22日　第1刷
	2021年10月8日　第9刷
発行人	瀬戸信昭
編集人	今ひろ子
発行所	株式会社 日本ヴォーグ社
	〒164-8805　東京都中野区弥生町5-6-11
	Tel. 03-3383-0644（編集）　03-3383-0628（販売）
	出版受注センター　Tel.03-3383-0650　Fax. 03-3383-0680
振替	00170-4-9877
印刷所	凸版印刷株式会社

Printed in Japan　©Yumiko Higuchi 2016
NV70392　ISBN978-4-529-05637-3

本書に掲載の著作物の複写に関わる複製、上映、譲渡、公衆送信（送信可能化を含む）の各権利は株式会社日本ヴォーグ社が管理の委託を受けています。

JCOPY 〈（社）出版者著作権管理機構　委託出版物〉
本書の無断複写は著作権法上での例外を除き禁じられています。複写される場合は、そのつど事前に、（社）出版者著作権管理機構（Tel. 03-5244-5088　Fax.03-5244-5089、e-mail info@jcopy.or.jp）の許諾を得てください。

万一、乱丁本、落丁本がありましたら、お取り替えいたします。
お買い求めの書店か小社販売部へお申し出ください。

日本ヴォーグ社関連情報はこちら
（出版、通信販売、通信講座、スクール・レッスン）
https://tezukuritown.com/
手づくりタウン　検索

樋口愉美子　Yumiko Higuchi

刺しゅう作家。多摩美術大学卒業後、ハンドメイドバッグデザイナーとして都内ショップにて販売。刺しゅうの楽しさにのめり込み、2008年より刺しゅう作家として活動を始める。著書に『ことばをのせてつくる1色刺繍の小さな贈り物』（エクスナレッジ刊）、『樋口愉美子のステッチ12か月』（文化出版局刊）などがある。

http://yumikohiguchi.com

材料協力

＊すべてのエイティスケアー、キャンブリック
　オカダヤ新宿本店　Tel.03-3352-5411
　http://www.okadaya.co.jp/shinjuku/
＊熱接着両面シート、フランス刺しゅう針
　クロバー株式会社　Tel. 06-6978-2277（お客様係）
　http://www.clover.co.jp/
＊ミニー、ウォッシャブルフェルト
　サンフェルト株式会社　Tel. 03-3842-5562
　http://www.sunfelt.co.jp/
＊DMC25番刺しゅう糸
　ディー・エム・シー株式会社　Tel. 03-5296-7831
　http://www.dmc.com（グローバルサイト）

あなたに感謝しております
We are grateful.

手づくりの大好きなあなたが、
この本をお選びくださいましてありがとうございます。
内容はいかがでしたでしょうか？
本書が少しでもお役に立てば、こんなにうれしいことはありません。
日本ヴォーグ社では、手づくりを愛する方とのおつき合いを大切にし、
ご要望にお応えする商品、サービスの実現を常に目標としています。
小社および出版物について、何かお気づきの点や
ご意見がございましたら、何なりとお申し出ください。
そういうあなたに、私どもは常に感謝しております。

株式会社日本ヴォーグ社　社長　瀬戸信昭
Fax. 03-3383-0602